불안을 이기는 필사 노트

다시, 평안으로 01

불안을 이기는 필사 노트

… 다시 평안으로

북스원
BOOKSONE

프롤로그

… 다시 평안으로

우리는 모두, 흔들리지 않는 날보다 흔들리는 날을 더 많이 살아갑니다. 괜찮은 척 웃고 있지만 마음 한쪽에서는 이유 없는 불안이 고개를 들고, 잠들기 직전까지도 생각은 멈추지 않습니다. 이 책은 '강해지기 위한 책'이 아니라, 다시 평안으로 돌아오기 위한 책입니다. 불안을 없애겠다고 애쓰지 않아도 됩니다.

오늘 하루의 불안을 말씀 앞에 내려놓고, 한 줄의 고백으로 마음을 내어 보이고, 한 문장의 확언으로 다시 숨을 고르는 책입니다. 필사는 마음을 천천히 따라오게 합니다. 읽는 속도보다 느리게, 생각보다 깊이, 손을 통해 마음은 조금씩 가벼워집니다.

불안이 찾아오는 날에도 당신은 실패한 것이 아닙니다. 그날은 그저 다시 평안으로 돌아가기 위한 하루일 뿐입니다. 이 책을 펼치는 동안만큼은 잘하려 애쓰지 않아도 됩니다. 조금 느리게 써도 괜찮고, 하루를 건너뛰어도 괜찮고, 눈물 위에 적어도 괜찮습니다. 당신의 오늘이 완벽해서가 아니라 정직해서 이 책과 어울리기를 바랍니다. 흔들리는 날에도 당신은 다시 평안으로 돌아올 수 있습니다.

그리고 이 노트는 그 길을 함께 걸어가는 조용한 동행이 되어 줄 것입니다. 이 책이 당신의 하루에, 아주 작은 숨 쉴 틈이 되기를 바랍니다.

이 책의 사용법

불안을 이기는 필사 노트는 하루 한 장, **'말씀 쓰기 - 마음 돌아보기 - 쓰기'** 순서로 이루어져 있습니다. 정해진 방식은 없지만, 아래 흐름을 따라가면 조금 더 편안합니다.

마음 열기부터 천천히 읽어 주세요

'마음 열기'는 오늘 감정을 미리 풀어주는 문장입니다. 정답처럼 읽지 않아도 좋고, 고개가 끄덕여지는 한 줄이면 충분합니다.

말씀 필사는 '속도'보다 '호흡'입니다

한 글자씩 또박또박 써도 좋고, 마음에 가는 단어만 써도 좋습니다. 말씀을 '채우는 시간'이 아니라, 말씀 안에 '잠시 머무는 시간'이 되기를 바랍니다.

고백 필사와 확언 필사는 '나에게 건네는 고백'입니다

누군가에게 보이기 위한 글이 아니라 오늘 나에게 건네는 고백입니다. 속으로 따라 적어도 좋고, 조용히 입으로 읽어도 괜찮습니다.

'마음에 스친 순간들'은 체크가 아니라 '인식'입니다

잘했는지, 못했는지 판단하는 표가 아니라 오늘 나를 바라보는 자리입니다. 체크하지 않아도 괜찮고, 모두 체크해도 괜찮습니다. 오늘의 당신은 충분합니다.

마음 일기는 잘 쓰지 않아도 됩니다

한 문장도 괜찮고, 단어 하나도 괜찮고, 아무 말도 쓰지 않아도 괜찮습니다. 오늘 마음이 무거웠다면, 빈칸 자체도 하나의 기록입니다.

이 책은 '30일 완주용'이 아니라 '30번 돌아오는 책'입니다

각 Day 뒤의 두 페이지는 자유 기록 공간입니다. 불안, 생각, 기도, 감사… 형식 없이 남겨 주세요. 페이지 하단의 한 줄 문장은 오늘의 마음을 여는 작은 문장일 뿐, 그대로 따르지 않아도 괜찮습니다. 작은 낙서 하나도 지금 마음을 담는 기록입니다.

이 책을 쓰는 동안 당신은 더 나아져야 할 사람이 아니라, 이미 충분한 사람입니다. 불안한 날에도, 흔들리는 순간에도, 이 노트를 펼쳤다는 것만으로 당신은 이미 다시 평안으로 향하고 있습니다.

Day 01

숨이 가빠질 때

●●● 마음 열기

가끔 이유를 설명할 수 없는 순간이 찾아옵니다. 심장이 빨리 뛰고 가슴이 조이고 숨이 제대로 들어오지 않을 때, 그 순간의 나를 탓하거나 조급해할 필요는 없습니다. 지금 불안이 찾아왔다는 건 실패가 아니라 너무 오래, 너무 많이 버텨왔다는 신호일지도 모릅니다. 조금 느리게, 천천히, 마음이 다시 제자리로 돌아올 시간을 허락해 주세요.

●●● 말씀 필사

내가 너를 강하게 하리라 내가 너를 도와주리라 이사야 41:10

●●● 고백 필사

지금 숨이 가빠져도 주님, 나를 붙들어 주소서

●●● 확언 필사

나는 다시 숨을 되찾을 수 있다.

●●● 마음에 스친 순간들

- 불안을 잠시 스쳐 보내주었다 ☐
- 몸의 긴장 상태를 알아차렸다 ☐
- 괜찮아 보이려 했던 나에게 쉬는 시간을 허락했다 ☐
- 의식적으로 느리게 숨을 쉬어 보았다 ☐
- 천천히 숨이 돌아오는 순간이 있었다 ☐

●●● 마음 일기

●●● 마무리 문장

불안이 와도 당신은 무너지지 않았습니다.

당신은 다시 숨을 찾았습니다.

지금 숨이 가빠도, 당신은 안전합니다.

Day 02

잠들기 전 초조함이 찾아올 때

●●● 마음 열기

해가 지면 마음이 더 예민해질 때가 있습니다. 낮 동안 넘겼던 일들이 밤이 되면 더 크게 느껴지기도 합니다. "빨리 자야 하는데"라는 압박은 초조함을 더 키울 뿐입니다. 잠들지 못해도 괜찮습니다. "천천히 평안으로 돌아가는 밤"도 존재합니다.

●●● 말씀 필사

내가 평안히 눕고 자기도 하리니 시편 4:8

●●● 고백 필사

잠드는 시간까지도 평안을 누리게 하소서.

●●● 확언 필사

밤이 와도 나는 안전하다.

●●● 마음에 스친 순간들

- 잠자리에 누우니 생각이 많아졌다 ☐
- 내일에 대한 걱정을 내려놓으려 했다 ☐
- 과거의 일에 대한 의미 부여를 멈추었다 ☐
- '빨리 자야 한다'는 압박 대신 이완을 선택했다 ☐
- 천천히 숨을 고르니 조금 편안해졌다 ☐

●●● 마음 일기

●●● 마무리 문장

잠들지 못하는 밤도 평안으로 돌아오는 여정의 일부입니다.

불안한 마음에도 파도처럼 오르내리는 리듬이 있습니다.

Day 03

이유 없이 마음이 불안정할 때

마음 열기

원인을 설명할 수 없을 때의 불안이 가장 괴롭습니다. 하지만 이유를 모른다고 해서 마음이 틀린 것은 아닙니다. "지금 나는 불안하구나." 그 한마디만으로 마음은 조금씩 풀립니다.

말씀 필사

너희는 마음에 근심하지 말라 요한복음 14:1

●●● 고백 필사

이유를 몰라도 괜찮습니다. 이 마음을 주께 올립니다.

●●● 확언 필사

근거 없는 불안도 나를 해치지 못한다.

●●● 마음에 스친 순간들

- 이유 없는 불안이 올라왔다 ☐
- 몸의 긴장을 의식적으로 풀어보려 했다 ☐
- 마음을 분석하려는 노력을 멈추었다 ☐
- ‘지금 불안하다’는 사실을 그대로 인정했다 ☐
- 이유를 몰라도 조금 가벼워졌다 ☐

●●● 마음 일기

●●● 마무리 문장

불안의 이유를 모른다고 해서 당신의 평안이 사라진 것은 아닙니다.

지금 이 불안은, 영원히 머무르지 않습니다.

Day 04

생각이 멈추지 않을 때

●●● 마음 열기

불안은 종종 '생각 폭주'로 나타납니다. 생각을 멈추려고 할수록 더 떠오르는 것처럼 느껴집니다. 이럴 때는 생각을 지우려 하기보다 "생각과 나를 분리하는 한 문장"이 필요합니다. "그건 생각이고, 나는 나다." 이 문장이 반복될수록 속도는 조금씩 느려집니다.

●●● 말씀 필사

너희 염려를 다 주께 맡기라 베드로전서 5:7

●●● 고백 필사

멈추지 않는 생각을 주님께 흘려보냅니다.

●●● 확언 필사

내 생각은 나를 지배하지 못한다.

●●● 마음에 스친 순간들

- 생각의 속도가 빨랐다 ☐
- 가만히 있어도 머리가 분주했다 ☐
- 내 생각이 나를 압도하는 느낌이 들 때 ☐
- '그건 생각이고, 나는 나다'를 되뇌었다 ☐
- 생각과 나를 분리하니 한결 수월했다 ☐

●●● 마음 일기

●●● 마무리 문장

흐르는 생각 속에서도 당신은 다시 평안으로 돌아올 수 있습니다.

숨이 막히는 순간에도, 당신의 자리는 사라지지 않습니다.

Day 05

막연한 두려움이 올 때

●●● 마음 열기

"뭔가 나쁜 일이 생길 것 같아." 근거는 없지만 마음이 그렇게 말할 때가 있습니다. 그 두려움은 현실의 위협이 아니라 지친 마음이 만든 경보음일 때가 많습니다. "지금 두려워하고 있구나." 이 한마디가 두려움의 날카로움을 둥글게 만듭니다.

●●● 말씀 필사

내가 너와 함께 함이라 이사야 41:10

●●● 고백 필사

가까이 계신 주님을 느끼게 하소서.

●●● 확언 필사

두려움 속에서도 나는 보호받고 있다.

●●● 마음에 스친 순간들

- 근거 없는 두려움이 올라왔다 ☐
- 몸이 위험을 감지하는 듯했다 ☐
- 예측 걱정을 멈추고 현재를 바라보려 했다 ☐
- '지금 두려워하고 있구나'라고 말해주었다 ☐
- 보호받는 느낌이 조금씩 돌아왔다 ☐

●●● 마음 일기

●●● 마무리 문장

두려움 속에서도 당신은 언제나 보호받고 있습니다.

불안은 약함이 아니라, 너무 오래 버텨왔다는 신호입니다.

Day 06

피곤한데 마음은 긴장될 때

마음 열기

몸은 지쳤는데 마음은 잠들지 않을 때가 있습니다. 더 잘하려 했던 시간과 책임감이 마음을 붙들고 있기 때문입니다. 오늘 필요한 것은 의지가 아니라 긴장을 풀어보려는 허락입니다. "조금 느슨해져도 괜찮아." 이 문장을 마음에게 건네주세요.

말씀 필사

내가 너희를 쉬게 하리라 마태복음 11:28

●●● 고백 필사

힘을 빼고 쉬는 법을 배우게 하소서.

●●● 확언 필사

힘을 빼도 괜찮다. 쉬어도 괜찮다.

●●● 마음에 스친 순간들

- 몸은 피곤한데 마음은 깨어 있었다 ☐
- 긴장한 상태를 유지하려는 자신을 알아차렸다 ☐
- 쉬어야 하는데 쉬기 어려웠다 ☐
- '조금 느슨해져도 괜찮아'라고 허락했다 ☐
- 힘을 빼자 마음이 조금 가벼워졌다 ☐

●●● 마음 일기

●●● 마무리 문장

힘을 빼는 연습은 포기가 아니라 회복입니다.

지금은 잘하는 시간보다, 쉬어도 되는 시간입니다.

Day 07

괜찮지 않은 나를 인정하는 날

●●● 마음 열기

"괜찮아 보이기"는 무너지지 않으려는 보호막일 때가 많습니다. 하지만 회복은 괜찮지 않은 순간에 시작됩니다. 슬픔, 무기력, 흔들림, 느려짐. 그 어떤 감정도 실패가 아닙니다. 있는 그대로의 나를 바라보고 그 모습 그대로 받아줄 때 마음은 숨을 쉽니다.

●●● 말씀 필사

상한 갈대를 꺾지 아니하며 이사야 42:3

●●● 고백 필사

부서질 것 같은 나를 외면하지 않겠습니다.

●●● 확언 필사

지금 모습 그대로도 충분하다.

●●● 마음에 스친 순간들

- 괜찮은 척하려는 마음을 멈추었다 ☐
- 약해 보일까 두려워하는 나를 인정했다 ☐
- 감정을 숨기려는 대신 드러내려 했다 ☐
- 있는 그대로의 나를 비판 없이 바라보려 했다 ☐
- 있는 모습 그대로 받아줄 수 있었다 ☐

●●● 마음 일기

●●● 마무리 문장

괜찮지 않은 날도 당신은 충분한 사람입니다.

지금 이 순간, 당신은 이미 충분히 애썼습니다.

Day 08

눈물이 날 것
같은 하루

●●● 마음 열기

울고 싶다는 마음은 약함이 아니라 마음이 감당해 온 무게를 보여주는 신호입니다. 눈물을 참으면 아픔은 마음에 갇히지만 흘려보내면 평안이 들어옵니다. 흘린 눈물만큼 평안은 더 깊이 머무릅니다.

●●● 말씀 필사

하나님께서 그들의 눈에서 모든 눈물을 씻기시니 요한계시록 21:4

●●● 고백 필사

울고 싶은 마음을 억누르지 않겠습니다.

●●● 확언 필사

흘려도 되는 눈물이다.

●●● 마음에 스친 순간들

- 울고 싶은 마음이 들었다 ☐
- 감정을 참으려는 시도를 멈추었다 ☐
- 혼자라는 느낌 대신 위로를 찾았다 ☐
- 눈물을 흘려보내려고 시도했다 ☐
- 흘리고 나니 조금 가벼워졌다 ☐

●●● 마음 일기

●●● 마무리 문장

흘린 눈물만큼 평안은 더 깊어집니다.

마음이 흔들려도, 당신의 중심은 사라지지 않습니다.

Day 09

나를 미워하는 마음이 들 때

●●● 마음 열기

불안이 오래 쌓이면 화살이 밖을 향했다가 결국 나를 향할 때가 있습니다. "왜 나는 이럴까." "왜 이것밖에 안 될까." 자기 미움은 회복을 막는 장벽이지만 사실 그 안에는 사랑받고 싶은 마음이 숨어 있습니다. 오늘만큼은 나에게 부드럽게 대해주세요.

●●● 말씀 필사

너는 보배롭고 존귀하며 내가 너를 사랑하였음이라 이사야 43:4

●●● 고백 필사

나를 미워하는 마음 속에서도 나를 사랑하게 하소서.

●●● 확언 필사

나는 사랑받아야 할 존재다.

●●● 마음에 스친 순간들

- 스스로에게 화가 났다 ☐
- 나를 비난하는 목소리를 멈추었다 ☐
- 부족한 점 대신 강한 점을 찾아보려 했다 ☐
- 나에게 따뜻한 말 한마디를 건넸다 ☐
- 나에게 따뜻한 시선이 돌아왔다 ☐

●●● 마음 일기

●●● 마무리 문장

자기 미움의 순간에도 당신은 사랑받는 존재입니다.

· · ·

불안은 커 보여도, 당신보다 크지는 않습니다.

Day 10

자존감이 흔들리는 날

●●● 마음 열기

자존감은 무너지지 않습니다. 다만 섬세하기 때문에 흔들릴 수 있습니다. 누군가의 말, 표정, 비교, 기대… 작은 자극 하나에도 마음은 파동처럼 흔들립니다. 하지만 자존감은 흔들릴 때 다시 나를 붙드는 순간에 자랍니다.

●●● 말씀 필사

주께서 나를 기이하고 놀랍게 지으셨나이다 시편 139:14

●●● 고백 필사

나의 가치를 타인의 기준에 두지 않겠습니다.

●●● 확언 필사

나의 가치는 잃어버리지 않는다.

●●● 마음에 스친 순간들

- 누군가의 말에 마음이 흔들렸다 ☐
- 비교로 인해 초조함이 생겼다 ☐
- 나를 다시 믿는 선택을 했다 ☐
- 나만의 고유한 가치를 되새겨 보았다 ☐
- 흔들려도 괜찮다고 느껴졌다 ☐

●●● 마음 일기

●●● 마무리 문장

당신의 가치는 흔들려도 사라지지 않습니다.

오늘의 불안은 오늘의 숨으로 충분합니다.

Day 11

누군가의 말이 계속 떠오를 때

●●● 마음 열기

때로는 누군가의 한마디가 머릿속에서 계속 반복됩니다. 상대는 잊었을지 몰라도, 나는 잊을 수 없는 말. 그 말이 마음을 아프게 했던 이유는 그 말이 사실이어서가 아니라 마음이 이미 지쳐 있었기 때문일 때가 많습니다. 그 말보다 더 중요한 말이 있습니다. "나는 나를 아는 사람이다." 오늘은 상처가 아니라 나에 대한 진실을 붙드는 날입니다.

●●● 말씀 필사

나는 네 하나님 여호와라 이사야 41:13

●●● 고백 필사

상처된 마음을 그대로 주님께 올립니다.

●●● 확언 필사

누군가의 말이 나를 결정하지는 않는다.

●●● 마음에 스친 순간들

- 누군가의 말이 계속 떠올랐다 ☐
- 억울한 마음이 올라왔다 ☐
- 상처가 다시 느껴졌다 ☐
- 그 말을 붙잡지 않고 흘려보려 했다 ☐
- 나를 아는 쪽은 결국 나라는 걸 느꼈다 ☐

●●● 마음 일기

●●● 마무리 문장

남의 말은 오래 남을 수 있어도 나의 가치는 변하지 않습니다.

생각이 멈추지 않아도, 당신은 괜찮은 사람입니다.

Day 12

실수한 나를 용서하기 어려울 때

●●● 마음 열기

실수는 누구에게나 일어납니다. 하지만 스스로에게 가장 엄격한 사람일수록 실수 이후의 시간이 더 괴롭습니다. "다시는 그러지 말자"는 다짐이 "나는 왜 이럴까"라는 자책으로 바뀌면 마음은 지칩니다. 실수를 기억하는 것보다 회복을 선택하는 것이 더 용기입니다.

●●● 말씀 필사

내 은혜가 네게 족하도다 고린도후서 12:9

●●● 고백 필사

나를 꾸짖기보다 회복시키는 길을 선택하게 하소서.

●●● 확언 필사

실수해도 여전히 괜찮은 나다.

●●● 마음에 스친 순간들

- 실수를 되새기며 자책했다 ☐
- '괜찮아, 다음엔 다를 거야'라고 스스로에게 말했다 ☐
- 괜찮다는 말을 믿기 어려웠다 ☐
- 스스로에게 부드러워지려 했다 ☐
- 실수보다 회복이 더 중요하다는 걸 알게 됐다 ☐

●●● 마음 일기

●●● 마무리 문장

실수의 흔적보다 회복을 선택하는 마음이 더 크고 강합니다.

지금 이 떨림은, 무너짐이 아니라 회복의 시작입니다.

Day 13

너무 애쓰는 나를 느낄 때

마음 열기

사람들은 애쓰는 사람을 금방 잊어버립니다. 하지만 자신은 압니다. 오늘을 버티기 위해 얼마나 힘을 냈는지. 애쓴 마음이 지쳤다는 것을 느끼는 순간 회복의 문이 열립니다. 오늘 하루 동안 마음을 단 한 번이라도 쉬게 했다면 그것만으로 충분합니다.

말씀 필사

여호와는 마음이 상한 자를 고치시며 시편 147:3

●●● 고백 필사

너무 노력하며 지쳐버린 나를 품게 하소서.

●●● 확언 필사

애써 온 나를 내가 먼저 안아준다.

●●● 마음에 스친 순간들

- 책임감 때문에 긴장했다 ☐
- 쉬면 불안할 것 같다는 생각을 내려놓았다 ☐
- 애쓰는 자신을 자각했다 ☐
- 의식적으로 멈추고 쉬는 시간을 가졌다 ☐
- 나에게 따뜻해지려는 마음이 생겼다 ☐

●●● 마음 일기

●●● 마무리 문장

애쓴 하루 속에서도 당신은 사랑받아야 할 사람입니다.

불안해도 괜찮습니다. 지금 당신은 살아 있습니다.

Day 14

감정을 숨기지 않는 용기

●●● 마음 열기

감정을 숨기는 데 익숙한 사람일수록 다른 사람을 더 배려하고 더 많이 견뎌온 사람입니다. 감정을 표현하는 것은 누군가를 원망하려는 것이 아니라 나를 지키는 일입니다. 눈물도, 화도, 두려움도 있는 그대로 드러낼 수 있는 사람은 절대 약한 사람이 아닙니다.

●●● 말씀 필사

진리가 너희를 자유롭게 하리라 요한복음 8:32

●●● 고백 필사

감정을 숨기지 않고 말할 힘을 주소서.

●●● 확언 필사

감정을 있는 그대로 표현하는 나는 용감하다.

●●● 마음에 스친 순간들

- 감정을 숨기고 싶었다 ☐
- 약해 보일까 두려워하는 나를 인정했다 ☐
- 표현하려는 마음을 붙들고 시도했다 ☐
- 있는 그대로 말해 보려 했다 ☐
- 감정을 드러내자 한결 가벼웠다 ☐

●●● 마음 일기

●●● 마무리 문장

감정을 표현하는 순간 마음은 비로소 자유를 얻습니다.

마음이 급해도, 삶은 서두르지 않아도 됩니다.

Day 15

상처받을까 두려워 마음을 닫을 때

●●● 마음 열기

새로운 관계를 시작할 때 따뜻함보다 두려움이 더 먼저 느껴질 때가 있습니다. 상처받기 싫어서 벽을 쌓았던 날도 사실은 사랑받고 싶었던 날입니다. 오늘은 이렇게만 해도 충분합니다. "나를 닫아도 괜찮아. 하지만 언젠가 다시 열 수 있다는 것도 기억하자."

●●● 말씀 필사

완전한 사랑이 두려움을 내쫓나니 요한일서 4:18

●●● 고백 필사

상처를 피하려 숨지 않게 하소서.

●●● 확언 필사

사랑받을 자격이 있는 사람이다.

●●● 마음에 스친 순간들

- 관계가 두렵게 느껴졌다 ☐
- 상처를 피하고 싶었다 ☐
- 마음을 닫아 버리고 싶었다 ☐
- '다시 열 수 있다'는 가능성을 기억했다 ☐
- 사랑받아도 된다는 생각이 들었다 ☐

●●● 마음 일기

●●● 마무리 문장

상처받을까 두려워했던 마음조차 사랑받고 싶은 마음의 또 다른 표현입니다.

오늘의 불안은 오늘까지 데리고 있어도 충분합니다.

Day 16

오해받을까 걱정될 때

마음 열기

오해는 언제나 불안합니다. 다 설명하고 싶지만 설명할수록 더 복잡해질 것 같은 두려움도 있습니다. 모든 사람에게 이해받을 수는 없습니다. 하지만 진짜 나를 보는 사람은 언젠가 반드시 남습니다. 오늘은 "보여지는 나"가 아니라 "아는 나"를 붙드는 날입니다.

말씀 필사

여호와께서 내 편이시니 내가 두려워하지 아니하리라 사람이 나를 어찌하리요 시편 118:6

고백 필사

오해받더라도 나를 잃지 않게 하소서.

확언 필사

진짜 나를 아는 사람은 결국 남는다.

마음에 스친 순간들

- 오해를 정정하고 싶었다 ☐
- 나를 설명하려는 압박을 내려놓았다 ☐
- 타인의 평가에 연연하지 않으려 했다 ☐
- 나를 지키는 말을 스스로에게 해 주었다 ☐
- 보여지는 나보다 진짜 나를 택했다 ☐

마음 일기

마무리 문장

당신을 제대로 아는 사람은 절대 당신을 떠나지 않습니다.

지금의 당신은, 고쳐야 할 사람이 아니라 보호해야 할 사람입니다.

Day 17

거절당할까 두려울 때

●●● 마음 열기

거절이 두려울 때 사람은 하고 싶은 말도, 하고 싶은 행동도 마음속에만 담아두게 됩니다. 하지만 거절은 나의 가치가 부족해서가 아니라 상대의 선택일 뿐입니다. 오늘은 이렇게 말해도 됩니다. "거절이 오더라도, 나는 여전히 괜찮다."

●●● 말씀 필사

내 부모는 나를 버릴지라도 여호와는 나를 영접하시리이다

시편 27:10

●●● 고백 필사

거절의 두려움보다 진짜 나를 선택하게 하소서.

●●● 확언 필사

거절은 나의 가치를 결정하지 못한다.

●●● 마음에 스친 순간들

- 거절이 두려웠다 ☐
- 위축되는 순간이 있었다 ☐
- 하고 싶은 말을 삼키려는 대신 용기를 냈다 ☐
- 나답게 말하고 행동하려 시도했다 ☐
- 거절을 두려워해도 괜찮다는 걸 느꼈다 ☐

●●● 마음 일기

●●● 마무리 문장

거절은 마음을 흔들 수 있지만 가치를 바꾸지는 못합니다.

불안이 올라와도, 당신의 가치는 내려가지 않습니다.

Day 18

잘 보이고 싶은 마음이 과할 때

마음 열기

누군가에게 잘 보이고 싶은 마음은 자연스러운 마음입니다. 하지만 마음이 지나치게 흔들릴 정도라면 어쩌면 인정이 아니라 존재의 불안 때문일 수 있습니다. 사람이 보는 나보다 하나님이 아시는 내가 더 진실합니다. 잘 보여야만 사랑받는 것이 아니라 존재 자체가 이미 사랑받는 이유입니다.

말씀 필사

사람이 외모를 보거니와 여호와는 중심을 보시느니라 사무엘상 16:7

●●● 고백 필사

보여지는 나에 매이지 않게 하소서.

●●● 확언 필사

나는 있는 그대로 사랑받아도 괜찮다.

●●● 마음에 스친 순간들

- 잘 보이고 싶은 마음이 과했다 ☐
- 타인의 평가를 의식했다 ☐
- 인정받고 싶은 욕구를 건강하게 바라보았다 ☐
- '있는 모습 그대로' 있기를 선택했다 ☐
- 사랑은 증명하는 것이 아니라는 걸 느꼈다 ☐

●●● 마음 일기

●●● 마무리 문장

사랑은 성과가 아니라 존재로부터 시작됩니다.

지금 느끼는 이 긴장은, 곧 풀릴 준비를 하고 있습니다.

Day 19

사랑받지 못할 것 같아 두려울 때

마음 열기

마음이 약해질수록 사랑이 흔들릴까 봐 더 불안해질 때가 있습니다. 하지만 사랑은 감정의 파도 속에서도 사라지지 않습니다. 사랑받고 싶은 마음은 당신이 사랑을 믿는다는 증거입니다.

말씀 필사

나는 너희를 사랑하였노라 말라기 1:2

●●● 고백 필사

사랑받지 못할까 두려운 마음을 내려놓습니다.

●●● 확언 필사

나는 사랑받을 만한 사람이다.

●●● 마음에 스친 순간들

- 사랑이 흔들릴까 불안했다 ☐
- 혼자일까봐 두려웠다 ☐
- 확신이 필요했다 ☐
- 나에게 따뜻한 위로의 말을 반복했다 ☐
- 사랑은 사라지지 않는다는 걸 느꼈다 ☐

●●● 마음 일기

●●● 마무리 문장

사랑은 흔들릴 수 있어도 사라지지는 않습니다.

불안 속에서도, 당신은 당신의 속도로 가고 있습니다.

Day 20

나를 지키면서도 사랑하고 싶은 날

●●● 마음 열기

사랑과 자기 보호는 함께 갈 수 있습니다. 나를 지키는 것이 상대를 거절하는 것이 아닙니다. 경계가 있어야 사랑이 건강합니다. 나를 희생해야만 사랑이 유지되는 것이 아닙니다. 오늘은 "나도 소중하고, 너도 소중하다" 이 문장이 마음이 되어도 괜찮습니다.

●●● 말씀 필사

평안을 너희에게 끼치노니 요한복음 14:27

●●● 고백 필사

관계 속에서도 나를 잃지 않게 하소서.

●●● 확언 필사

나를 지키는 것도, 사랑하는 것도 가능하다.

●●● 마음에 스친 순간들

- 사랑과 자기 보호가 충돌하는 느낌이 들었다 □
- 관계 속에서 나를 잃지 않겠다고 다짐했다 □
- 내 마음과 타인의 마음을 동시에 생각했다 □
- 건강한 경계를 세우려 시도했다 □
- 건강한 사랑이 가능하다는 걸 느꼈다 □

●●● 마음 일기

●●● 마무리 문장

나를 지키는 사랑이야말로 가장 오래 지속됩니다.

오늘은 잘 버틴 것만으로도 충분한 날입니다.

Day 21

혼자가 아니라고
느끼고 싶은 날

●●● 마음 열기

사람들 속에 있어도 외로울 때가 있습니다. 가족이 있어도, 친구가 있어도 마음 깊은 곳에서 "나는 혼자인가?"라는 두려움이 고개를 들기도 합니다. 하지만 외로움이 찾아왔다는 것은 누군가와 연결되고 싶다는 마음이 있다는 증거입니다. 외로움은 결핍이 아니라 연결을 향한 움직임입니다.

●●● 말씀 필사

내가 너희를 고아와 같이 버려두지 아니하리라 요한복음 14:18

고백 필사

홀로인 것 같은 마음을 주께 올립니다.

확언 필사

나는 결코 혼자가 아니다.

마음에 스친 순간들

- 외롭다는 감정이 들었다 ☐
- 누군가와 연결되고 싶은 마음을 인정했다 ☐
- 내가 혼자라는 생각을 객관적으로 바라보았다 ☐
- 주변 사람들에게 먼저 마음을 열어보려 했다 ☐
- 혼자가 아니라는 마음이 조금씩 느껴졌다 ☐

마음 일기

마무리 문장

외로움이 찾아왔다는 건 사랑을 믿는 마음이 아직 살아 있다는 뜻입니다.

숨이 돌아오는 속도만큼, 마음도 천천히 따라옵니다.

Day 22

실패가 두려울 때

●●● 마음 열기

실패가 두려울수록 사람은 도전보다 회피를 선택하게 됩니다. 하지만 실패의 반대는 성공이 아니라 정체입니다. 실패는 상처가 아니라 방위선입니다. 더 좋은 방향, 더 지혜로운 방향으로 나아가게 하는 과정입니다. 오늘은 결과보다 "내가 한 걸음 움직였다"는 사실이 더 중요합니다.

●●● 말씀 필사

내가 너와 함께 있어 네가 어디로 가든지 창세기 28:15

●●● 고백 필사

실패 속에서도 주님과 동행하게 하소서.

●●● 확언 필사

실패해도 끝이 아니다.

●●● 마음에 스친 순간들

- 실패가 두려웠다 ☐
- 시작하기를 망설였다 ☐
- 멈추고 싶은 마음 대신 움직임을 택했다 ☐
- 결과에 상관없이 한 걸음을 내딛어 보았다 ☐
- 실패해도 괜찮다는 생각이 스쳤다 ☐

●●● 마음 일기

●●● 마무리 문장

실패가 두려워도 당신은 계속 나아갈 수 있습니다.

불안은 당신의 적이 아니라, 지친 마음의 신호입니다.

Day 23

선택이 불안할 때

●●● 마음 열기

인생에서 가장 어려운 순간은 지금 선택이 옳은지 아닐지 알 수 없다는 것입니다. 선택의 무게가 크면 클수록 머뭇거림과 불안도 커집니다. 하지만 선택은 정답을 찾는 시험이 아니라 방향을 찾아가는 과정입니다.

●●● 말씀 필사

내가 네 갈 길을 가르쳐 보이고 너를 훈계하리라 시편 32:8

●●● 고백 필사

선택의 순간마다 나를 이끄소서.

●●● 확언 필사

내가 가는 길은 헛되지 않다.

●●● 마음에 스친 순간들

- 결정을 미루고 싶었다 ☐
- 잘못될까 걱정됐다 ☐
- 여러 가능성이 머릿속을 맴돌았다 ☐
- 가장 평안한 마음의 방향을 찾아보려 했다 ☐
- 결국 한 걸음을 내딛을 수 있었다 ☐

●●● 마음 일기

●●● 마무리 문장

선택의 길 위에서도 당신은 인도받고 있습니다.

지금 이 순간에도, 당신은 혼자가 아닙니다.

Day 24

가족이 걱정될 때

마음 열기

가족을 사랑할수록 걱정도 함께 자랍니다. 가족을 책임지고 싶은 마음, 가족이 잘되기를 바라는 마음, 그만큼 마음이 무거울 때도 있습니다. 하지만 걱정이 사랑을 대신할 수는 없습니다. 사랑은 걱정이 아니라 신뢰로부터 자랍니다.

말씀 필사

너희 필요한 것을 아시는이라 마태복음 6:8

●●● 고백 필사

사랑 때문에 두려움이 되지 않게 하소서.

●●● 확언 필사

걱정 부담 없이 사랑할 수 있다.

●●● 마음에 스친 순간들

- 가족이 걱정되었다 ☐
- 잘 해주고 싶은 마음이 컸다 ☐
- 책임감을 혼자 감당하려 했다 ☐
- 염려 대신 가족을 향한 신뢰를 선택했다 ☐
- 사랑을 더 부드럽게 느꼈다 ☐

●●● 마음 일기

●●● 마무리 문장

가족을 사랑하는 마음은 언제나 두려움보다 큽니다.

불안이 와도, 당신의 하루는 무너지지 않습니다.

Day 25

경제적 불안이 밀려올 때

마음 열기

경제적인 걱정은 몸과 마음을 동시에 긴장시키는 불안입니다. 통장 잔고, 지출, 미래… 생각하면 할수록 불안은 커집니다. 하지만 부족함 속에서도 지켜지고 보호받는 삶이 있습니다. 오늘은 "모든 걸 지금 해결해야 한다"가 아니라 "오늘 하루만 신뢰해 보자" 이 한 문장이 마음을 살립니다.

말씀 필사

여호와는 나의 목자시니 내게 부족함이 없으리로다 시편 23:1

●●● 고백 필사

필요를 채우시는 주님을 신뢰하게 하소서.

●●● 확언 필사

나는 부족함 속에서도 돌봄 속에 있다.

●●● 마음에 스친 순간들

- 경제적 불안이 올라왔다 ☐
- 미래가 걱정됐다 ☐
- 계산과 생각이 계속 떠올랐다 ☐
- '오늘 하루만 신뢰해 보자'고 스스로를 다독였다 ☐
- 돌봄과 채움을 느낄 순간이 있었다 ☐

●●● 마음 일기

●●● 마무리 문장

부족함 속에서도 당신은 돌봄 속에 있습니다.

오늘의 당신은, 어제보다 조금 더 단단해졌습니다.

Day 26

모든 책임을
혼자 짊어진 것 같을 때

●●● 마음 열기

가끔은 세상의 무게가 다 나에게 올려져 있는 것처럼 느껴질 때가 있습니다. 가족, 일, 관계, 결정… 모든 걸 혼자 짊어지는 것 같아 마음이 무너질 수도 있습니다. 하지만 책임을 내려놓는다고 해서 사랑이나 성실이 사라지는 것은 아닙니다. 오늘은 마음에 이렇게 말해 주세요. "이 짐을 혼자 짊어지지 않아도 된다."

●●● 말씀 필사

수고하고 무거운 짐 진 자들아 다 내게로 오라 마태복음 11:28

●●● 고백 필사

이 짐을 내려놓는 용기를 주소서.

●●● 확언 필사

모든 짐을 혼자 짊어지지 않아도 된다.

●●● 마음에 스친 순간들

- 책임감이 무겁게 느껴졌다 ☐
- 나밖에 없다는 부담이 들었다 ☐
- 포기하고 싶어졌다 ☐
- 의식적으로 짐 일부를 내려놓아 보려 했다 ☐
- 마음이 조금 가벼워지는 순간이 있었다 ☐

●●● 마음 일기

●●● 마무리 문장

내려놓는 순간에 회복이 시작됩니다.

불안한 날에도, 당신은 여전히 안전한 사람입니다.

Day 27

기대만큼 못할까 두려울 때

●●● 마음 열기

사람들의 기대, 내 기대, 세상의 기준. “잘해야 한다”는 압박은 불안을 키웁니다. 하지만 기대에 닿지 못할까 걱정할 때 이미 충분히 노력해 왔다는 증거이기도 합니다. 오늘은 결과보다 마음을 바라보는 날입니다.

●●● 말씀 필사

작은 일에 충성하였으매 마태복음 25:21

●●● 고백 필사

기준보다 진심을 선택하게 하소서.

●●● 확언 필사

잘하지 못해도 나의 가치는 줄지 않는다.

●●● 마음에 스친 순간들

- 기대를 의식했다 ☐
- 부족해 보일까 불안했다 ☐
- 나를 증명하려는 노력을 멈추었다 ☐
- 결과보다 오늘의 진심을 선택해 보았다 ☐
- 내가 충분하다는 마음이 스쳤다 ☐

●●● 마음 일기

●●● 마무리 문장

결과보다 진심을 선택하는 마음이 당신을 지켜줍니다.

지금의 흔들림은, 삶이 움직이고 있다는 증거입니다.

Day 28

나답게 살아도 괜찮다는 확신

●●● 마음 열기

타인의 기대와 시선 속에서 "있는 그대로의 나"로 서는 건 용기가 필요합니다. 하지만 억지로 맞추며 살아도 마음은 더 불안해질 뿐입니다. 오늘은 이렇게 말해도 됩니다. "나는 나답게 살아도 괜찮다."

●●● 말씀 필사

여호와께서 나를 넉넉히 자유롭게 하셨도다 시편 118:5

●●● 고백 필사

나다운 길을 걷는 평안을 주소서.

●●● 확언 필사

나는 나답게 살아도 괜찮다.

●●● 마음에 스친 순간들

- 타인의 시선을 의식했다 ☐
- 나를 억눌렀다 ☐
- 자유롭고 싶은 마음을 인정했다 ☐
- 있는 그대로의 '나'로 행동하려 했다 ☐
- 나다움이 평안이 된 순간이 있었다 ☐

●●● 마음 일기

●●● 마무리 문장

나다움은 평안을 부르는 또 하나의 이름입니다.

· · ·

불안이 왔다가 가도, 당신을 데려가지는 못합니다.

Day 29

흔들려도 괜찮은 나

●●● 마음 열기

불안, 흔들림, 초조함은 무너진다는 신호가 아니라 "회복이 필요한 순간"이라는 신호입니다. 흔들린다는 것은 앞으로 나아가고 있다는 뜻이기도 합니다. 오늘은 흔들려도 괜찮습니다. 흔들린다는 사실이 바로 살아 있다는 증거니까요.

●●● 말씀 필사

내가 너를 지명하여 불렀나니 너는 내 것이라 이사야 43:1

●●● 고백 필사

흔들리는 나도 주님의 것입니다.

●●● 확언 필사

흔들려도 괜찮다. 여전히 나다.

●●● 마음에 스친 순간들

- 마음이 흔들렸다 ☐
- 불안이 다시 찾아왔다 ☐
- 괜찮지 않아 보일까 두려워하는 마음을 인정했다 ☐
- 흔들리는 나에게 '괜찮다'고 말해주었다 ☐
- 흔들려도 괜찮다는 마음이 스쳤다 ☐

●●● 마음 일기

●●● 마무리 문장

흔들린다고 해도 당신의 가치는 흔들리지 않습니다.

지금 이 숨이, 당신을 다시 현재로 데려옵니다.

Day 30

오늘도 나에게
평안이 머무는 하루

●●● 마음 열기

평안은 어느 날 갑자기 오는 선물이 아니라 조금씩, 여러 번의 걸음을 통해 돌아오는 길입니다. 완벽하게 평안한 날보다 불안도, 흔들림도 있었는데 "그래도 괜찮다"는 마음으로 하루를 마무리하는 날이 가장 회복된 날입니다. 오늘 마지막 문장은 이 책의 마지막 문장이 아니라 당신 마음 안에 다시 시작되는 문장입니다.

●●● 말씀 필사

여호와는 네게 복을 주시고 평강 주시기를 원하노라 민수기 6:26

●●● 고백 필사

오늘 하루를 평안으로 마무리하게 하소서.

●●● 확언 필사

평안이 내 안에 머문다.

●●● 마음에 스친 순간들

- 평안을 느끼고 싶었다 ☐
- 불안과 평안이 공존했다 ☐
- 숨을 고르는 시간이 도움이 됐다 ☐
- '그래도 괜찮은 하루였다'고 스스로를 다독였다 ☐
- 평안이 오늘 하루에 머문다는 것을 느꼈다 ☐

●●● 마음 일기

●●● 마무리 문장

평안은 당신 안에 있습니다. 그리고 앞으로도 계속 돌아올 것입니다.

불안 속에서도, 당신은 결국 다시 평안으로 돌아옵니다.

다시, 평안으로 01

불안을 이기는 필사 노트 … 다시 평안으로

1판 1쇄 발행 2026년 1월 2일

기획 팀 쉼표
펴낸이 이용훈

펴낸곳 북스원
등록 제2015-000033호
주소 서울시 송파구 오금로44나길 5, 401호
전화 010-3244-4066
이메일 wisebook@naver.com
공급처 (주)비전북 031-907-3927
ISBN 979-11-92468-37-2 03230